Milarepa, Milarepa, Who Are You?

མི་ལ་རས་པ། མི་ལ་རས་པ། ཁྱེད་རང་སུ་ཡིན་པས།།

By **Sandra Fernandez**

Illustrated by **Maura OConnor**

Translated by **Khenpo Gyurmé Wangchen** & **Michele Martin**

Milarepa, Milarepa, *who* are you?
མི་ལ་རས་པ། མི་ལ་རས་པ། ཁྱེད་རང་སུ་ཡིན་པས།།

A famous Tibetan yogi
and teacher of Gampopa, too.
སྙན་གྲགས་ཆེ་བའི་བོད་ཀྱི་རྣལ་འབྱོར་པ་ཞིག་དང་།
སྒམ་པོ་པའི་བླ་མ་ཡང་ཡིན།།

Milarepa, Milarepa,
***when* did you live?**
མི་ལ་རས་པ། མི་ལ་རས་པ།
ཁྱེད་རང་ག་དུས་བྱོན་པ་རེད།།

Almost a thousand years ago;
now my story I'll give.
ལོ་ཆིག་སྟོང་ཙམ་ཀྱི་སྔོན་ལ།
ད་ལྟ་ང་རང་གི་སྒྲུང་གཏམ་བཤད་ཆོག།

Milarepa, Milarepa, *where* was your home?

མི་ལ་རས་པ། མི་ལ་རས་པ། ཁྱེད་རང་གི་བཞུགས་གནས་ག་བར་ཡོད།།

In the sacred mountains of Tibet, where sheep, yaks, and wild animals roam.

ལུག་དང་འབྲི་གཡག་རི་དྭགས་རྣམས་རྒྱུ་འགྲུལ་བྱེད་སའི་བོད་ཀྱི་གནས་རི་རྣམས་སུ་བསྐྱོད་པ་ཡིན།།

Milarepa, Milarepa, *what* harm did you do?

མི་ལ་རས་པ། མི་ལ་རས་པ། ཁྱེད་རང་གིས་གཞན་ལ་གནོད་
པའི་ལས་ག་རེ་གནང་པ་ཡིན།།

To get revenge on mean relatives,
black magic I threw.
ངའི་གཉེན་ཚན་སྡུག་ཅག་དེ་ཚོ་
ལ་མཐུ་ངན་བརྒྱབས་པ་ཡིན།།

Milarepa, Milarepa,
***why* were you so bad?**
མི་ལ་རས་པ། མི་ལ་རས་པ། ག་རེ་བྱས་ནས་ཁྱེད་
རང་གིས་སྡུག་པོ་དེ་འདྲ་བྱས་ཡིན།།

To save my mother and my sister
from feeling sad.
ངའི་ཨ་མ་ལགས་དང་གཅུང་མོ་སྡུག་བསྔལ་ལས་
སྐྱོབ་པའི་ཆེད་དུ་བྱས་པ་ཡིན།།

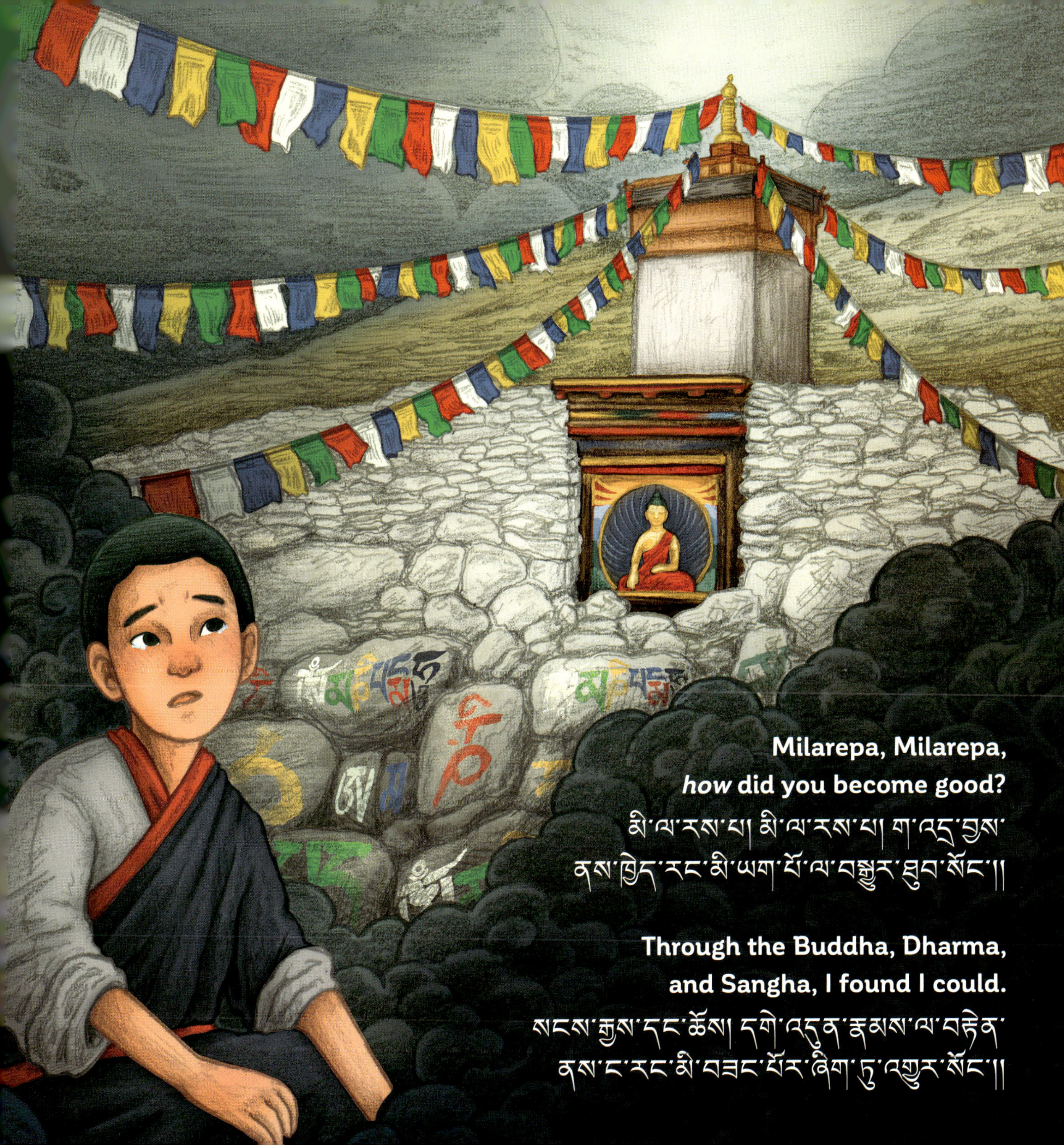

Milarepa, Milarepa,
***how* did you become good?**
མི་ལ་རས་པ། མི་ལ་རས་པ། ག་འདྲ་བྱས་
ནས་ཁྱེད་རང་མི་ཡག་པོ་ལ་བསྒྱུར་ཐུབ་སོང་།།

Through the Buddha, Dharma,
and Sangha, I found I could.
སངས་རྒྱས་དང་ཆོས། དགེ་འདུན་རྣམས་ལ་བརྟེན་
ནས་ང་རང་མི་བཟང་པོར་ཞིག་ཏུ་འགྱུར་སོང་།།

Milarepa, Milarepa, *where* did you go?

མི་ལ་རས་པ། མི་ལ་རས་པ། ཁྱེད་རང་ག་བར་ག་བར་ཕེབ་པ་ཡིན།།

In search of a teacher, I walked the land from high to low.

དགེ་རྒན་ཡང་དག་པ་ཞིག་མཇལ་བའི་ཆེད་དུ་ག་ས་ག་ལ་ཕྱིན་པ་ཡིན།།

Milarepa, Milarepa,
who was your main teacher?
མི་ལ་རས་པ། མི་ལ་རས་པ། ཁྱེད་རང་གི་
རྩ་བའི་བླ་མ་སུ་ཡིན་ནམ།།

The great translator Marpa, who taught me
awareness and compassion could be so much deeper.
སྒྲ་བསྒྱུར་མར་པ་ལོ་ཙྪ་ཡིན། ཁོང་གིས་ངའི་དྲན་པ་དང་
སྙིང་རྗེ་རྣམས་གཏིང་ཟབ་ཏུ་བཏང་གནང་སོང་།།

Milarepa, Milarepa, *when* did he teach you?
མི་ལ་རས་པ། མི་ལ་རས་པ། ཁོང་གིས་ག་
དུས་ཁྱེད་ལ་ཆོས་གསུངས་པ་རེད།།

After I built four towers, my good heart he knew.
སྲུས་མཁར་ཐེངས་བཞི་བརྩིགས་པའི་རྗེས། ངའི་དད་པ་དང་
མོས་གུས་བརྟན་པོ་ཡོད་པ་ཁོང་གིས་གསལ་པོར་མཁྱེན་སོང་།།

Milarepa, Milarepa, *where* did you build?
མི་ལ་རས་པ། མི་ལ་རས་པ། ཁྱེད་ཀྱིས་སྲུས་
མཁར་དེ་ཚོ་ག་པར་བཞེངས་པ་ཡིན།།
On the four corners of Marpa's land,
my duty was fulfilled.
མར་པ་བཞུགས་སའི་ཕྱོགས་བཞི་ལ།
ངས་རང་གི་ལས་འགན་འགྲུབ་སོང་།།

Milarepa, Milarepa, *what* happened to the towers?
མི་ལ་རས་པ། མི་ལ་རས་པ། སྲུས་མཁར་བཞེངས་
དུས་གནས་ཚུལ་ག་རེ་བྱུང་སོང་།།

The first three, Marpa said, "Destroy them!" at the finishing hour.

རེ་རེ་རྩིག་ཚར་གྲུབ་ཡོད་དུས་མར་པས་བཤིག་བཅུག་
ནས་ཐེངས་གསུམ་ལ་ལས་བཅུག་སོང་།།

Milarepa, Milarepa, *why* did he make this request?

མི་ལ་རས་པ། མི་ལ་རས་པ། ག་རེ་བྱས་ནས་དེ་འདྲ་བྱེད་དགོས་བྱུང་པ་རེད།།

To purify my harmful actions was the purpose of his test.

ངའི་སྡིག་པ་དག་པའི་ཆེད་དུ་དེ་ལྟར་བྱེད་བཅུག་པ་རེད།།

Milarepa, Milarepa, *how* did he teach you?
མི་ལ་རས་པ། མི་ལ་རས་པ། ཁོང་གིས་ཁྱེད་ལ་
ལམ་སྟོན་ག་འདྲ་གནང་སོང་།།

Through his teachings and my practice,
I saw my inner goodness as true.
ཁོང་གིས་གདམས་ངག་ཉམས་སུ་བླང་ནས་
ངས་ནང་གི་ཡོན་ཏན་རྟོགས་སོང་།།

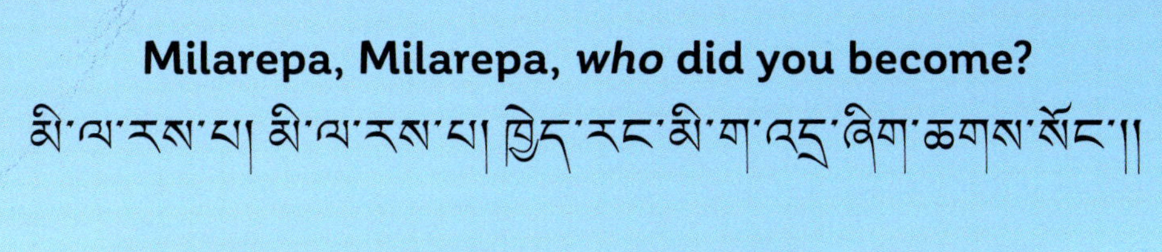

Milarepa, Milarepa, *who* did you become?

མི་ལ་རས་པ། མི་ལ་རས་པ། ཁྱེད་རང་མི་ག་འདྲ་ཞིག་ཆགས་སོང་།།

A yogi, poet, teacher, and buddha all in one.

རྣལ་འབྱོར་པ་དང་། སྙན་ངག་པ། དགེ་རྒན། སངས་རྒྱས་
ཚང་མ་གཅིག་འདུས་སུ་འགྱུར་སོང་།།

Milarepa, Milarepa, *when* did this occur?

མི་ལ་རས་པ། མི་ལ་རས་པ། གནས་ཚུལ་
འདི་ཚོ་ག་དུས་བྱུང་བ་རེད།།

In this one lifetime, I knew my mind for sure.

ངའི་མི་ཚེ་གཅིག་གི་ནང་དུ། སེམས་ཀྱི་གནས་
ལུགས་དངོས་སུ་མཐོང་སོང་།།

Milarepa, Milarepa, *where* did you go?

མི་ལ་རས་པ། མི་ལ་རས་པ། ཁྱེད་རང་
ས་ཆ་ག་བར་ཕེབ་པ་ཡིན།།

Through the Himalayas to meditate in caves and snow.

ཧི་མ་ལ་ཡའི་རི་བརྒྱུད་གངས་ཁྲོད་ཀྱི་བྲག་ཕུག་
རྣམས་སུ་སྒོམ་བརྒྱབ་ཏུ་ཕྱིན་པ་ཡིན།།

Milarepa, Milarepa, *what* happened
with the demons in your cave?

མི་ལ་རས་པ། མི་ལ་རས་པ། ཁྱེད་རང་གི་བྲག་ཕུག་
ནང་དུ་གདོན་འདྲེ་ཡོང་དུས་ག་རེ་བྱུང་སོང་།།

I welcomed them as friends
and they saw me as brave.

ངས་ཁོང་ཚོ་ཡོངས་བ་ལ་དགའ་བསུ་ཞུ་པས་ཁོང་
ཚོས་ང་འཇིགས་སྐྲག་མེད་པ་ཞིག་ཏུ་མཐོང་སོང་།།

Milarepa, Milarepa, *why* did you turn green?

མི་ལ་རས་པ། མི་ལ་རས་པ། ག་རེ་བྱས་ནས་ཁྱེད་
རང་གི་སྐུ་ལུས་སྔོ་སེང་སེང་གྱུར་སོང་།།

I was eating only nettles, which gave me this sheen.

ངས་ཟྭ་ཡི་ཚོད་མ་རྐྱང་པ་ཟོས་པས་མདོག་འདི་འདྲ་པོར་གྱུར་སོང་།།

Milarepa, Milarepa, *how* did you bring harmony to the hunter, dog, and deer?

མི་ལ་རས་པ། མི་ལ་རས་པ། ཁྱེད་རང་གིས་རྔོན་པ་དང་ཁྱི་དང་རི་
དྭགས་རྣམས་ག་འདྲ་བྱས་ནས་མཐུན་པོ་བཟོས་པ་ཡིན།།

When I sang them a song, their loving-kindness naturally appeared.

ངས་ཁོང་ཚོ་ལ་མགུར་གཅིག་བླངས་པས་ཁོང་ཚོའི་བྱམས་བརྩེ་རང་བཞིན་གྱིས་མངོན་དུ་གྱུར་སོང་།།

Milarepa, Milarepa, *how* do you meditate?

མི་ལ་རས་པ། མི་ལ་རས་པ། ཁྱེད་རང་གིས་སྒོམ་ཇི་ལྟར་རྒྱབ་པ་ཡིན།།

I let my thoughts and feelings come and go freely.
No clinging or effort do I make.

རྟོག་པ་དང་ཚོར་སྣང་ལ་དགག་སྒྲུབ་མེད་པར་རང་དབང་སྤྲོད་ནས།
འཛིན་པ་དང་རྩོལ་བ་མེད་པར་བཞག་པ་ཡིན།།

Milarepa, Milarepa, but *how* do you start?

མི་ལ་རས་པ། མི་ལ་རས་པ། དང་པོར་ཁྱེད་རང་གིས་ག་འདྲ་སེ་འགོ་བཙུགས་པ་ཡིན།།

Breathing in, I open my mind; breathing out, I open my heart.

ངས་དབུགས་ཡར་ལེན་པ་དང་དྲན་ཤེས་ཀྱི་སྒོ་ཕྱེ་ཞིང་།
དབུགས་མར་གཏོང་དུས་སྙིང་གི་སྒོ་ཡང་ཕྱེས་པ་ཡིན།།

Milarepa, Milarepa, *what* is your superpower?

མི་ལ་རས་པ། མི་ལ་རས་པ། ཁྱེད་རང་ལ་ནུས་པ་ཁྱད་པར་ཅན་གང་ཡོད་དམ།།

Watching my thoughts gives me the power not to cower.

ངས་རང་གི་རྟོག་ཚོགས་ལ་གསལ་པོར་བལྟས་པས་དེས་
གང་ལ་ཡང་ཞུམ་པ་མེད་པའི་ནུས་པ་ཐོབ་སོང་།།

Milarepa, Milarepa, *what* can you do?

མི་ལ་རས་པ། མི་ལ་རས་པ། ཁྱེད་རང་
གིས་གང་གནང་ཐུབ་ཀྱི་ཡོད་དམ།།

I can stay all alone with my thoughts,
do not fear lions, can fly and disappear, too!

རང་གི་སེམས་ལ་ལྟ་ནས་ང་ཁེར་རྐྱང་སྡོད་པ་
དང་། སེང་གེ་ལ་ཡང་ཞེད་སྣང་མེད། གནམ་ལ་
འཕུར་བ་དང་མི་སྣང་བ་ཡང་བྱེད་ཐུབ།།

Milarepa, Milarepa, *how* shall we remember you?
མི་ལ་རས་པ། མི་ལ་རས་པ། ང་ཚོས་གང་འདྲ་
བྱེད་ནས་ཁྱེད་ལ་རྗེས་དྲན་ཞུ་དགོས་སམ།།

Remember my journey,
my songs, and teachings, too.
ངའི་མི་ཚེའི་བགྲོད་ལམ་དང་། ང་ཡི་མགུར་
མ་དང་གདམས་ངག་རྣམས་ཡིད་ལ་ཟུངས།།

Milarepa, Milarepa, *why* did you teach?

མི་ལ་རས་པ། མི་ལ་རས་པ། ཁྱེད་རང་གིས་ག་རེ་བྱས་ནས་ཆོས་གསུངས་པ་ཡིན།།

To end the suffering of the world through the path of right body, mind, and speech.

འཇིག་རྟེན་གྱི་སྡུག་བསྔལ་སེལ་བའི་ཆེད་དུ། ཡང་དག་པའི་ལུས་དང་།
སེམས་དང་། ངག་སོགས་ཀྱི་ལམ་བསྟན་པ་ཡིན།།

About Milarepa

Milarepa is Tibet's most famous yogi and poet. His story, like most journeys, is a leap into the unknown filled with curiosity to seek the truth. It is an exploration of all the human thoughts and emotions that can arise and cause suffering: our ignorance of the truth of suffering, our attachment to some things and aversion to others. Milarepa understood that all the contents of his mind were projections, or an inner movie. And as such, he could choose to welcome thoughts and emotions as friends, like the demons in his cave, or he could shut them out in fear. In his life, Milarepa found the courage to open up and accept all of who he was with awareness, loving-kindness, compassion, and wisdom.

A parent and teacher's guide is available online for all readers and contains more information about Milarepa, mindfulness exercises, and activities related to themes in this book. Visit https://wisdomexperience.org/milarepa-milarepa-who-are-you-parent-teacher-guide/.

Dedicated to my teacher Yongey Mingyur Rinpoche and to all bodhisattvas who tirelessly work to alleviate suffering.

My deepest gratitude to Andrew Quintman, PhD, for his encouragement and review of various iterations of this book.—S. F.

SANDRA FERNANDEZ is a mother, educator, activist, child advocate, author, and lover of stories. She currently works for Yongey Mingyur Rinpoche supporting his Dharma, social engagement, and meditation projects.

MAURA OCONNOR is an illustrator and designer specializing in book publishing, product design, and fine art. Working with traditional and digital mediums, her work is inspired by a love of the natural world and all the textures it holds. To learn more, visit mauraoconnorillustration.com.

KHENPO GYURMÉ WANGCHEN is a student of Guru Vajradhara Tai Situ Rinpoche. After twelve years of study and teaching at his Monastic College in Sherab Ling, Khenpo Gyurmé received the title of *khenpo* (professor). He is also a student of Yongey Mingyur Rinpoche, and since 2010, has been the abbot of Tergar Ösel Ling Monastery in Nepal.

MICHELE MARTIN has practiced Buddhism for decades and also worked as a translator of oral and written Tibetan while editing numerous texts. Along with articles on Buddhism, her publications encompass translations of Tibetan works on philosophy, meditation, and history.

Wisdom Publications
132 Perry Street
New York, NY 10014 USA
wisdom.org

Library of Congress Cataloging-in-Publication Data is available.
LCCN 2025007522

ISBN 978-1-61429-964-6 ebook ISBN 978-1-61429-983-7
29 28 27 26 25 5 4 3 2 1

Artwork by Maura O'Connor. Cover and interior design by Katrina Damkoehler.

Printed on acid-free paper that meets the guidelines for permanence and durability of the Production Guidelines for Book Longevity of the Council on Library Resources.

Printed in Malaysia.